글 | 국립과천과학관 이혜선

중학생 때 처음 배운 화학 반응식에 재미를 느껴 화학의 매력에 빠졌습니다. 재미있는 화학을 다른 이들에게도 알려 주고 싶어 강원대학교에서 화학을 전공하고 학사, 석사를 받았습니다. 현재 국립과천과학관에서 사이언스 커뮤니케이터로 활동하고 있습니다. 과학 관련 해설 프로그램, 영상, 출판물 등을 기획하고 운영하며 어린이들에게 과학을 재미있게 전달하고자 노력하고 있습니다.

그림 | 김완진

대학에서 서양화를 공부하고 지금은 일러스트레이터로 활동하며 주로 어린이 책에 그림을 그립니다. 잊고 지내 온 저의 어린 시절을 떠올리며 아이들과 마음을 나눌 수 있는 이야기를 꾸며 그림으로 그리려고 노력합니다. 쓰고 그린 책으로는 《공룡 아빠》《하우스》《BIG BAG 섬에 가다》가 있고, 그린 책으로는 《세상에서 가장 가난한 편의점》《시간으로 산 책》《딱 하나만 더 읽고》《아빠는 잠이 안 와》《오늘 또 토요일?》《늙은 아이들》《슈퍼 히어로 우리 아빠》《일기 고쳐 주는 아이》 외 다수가 있습니다.

오싹오싹 과학 미스터리 시리즈는

국립과천과학관의 과학자들이 전설 속 괴물 '뱀파이어, 키메라, 좀비, 미라'를 소재로 쓴 어린이 과학 동화입니다. 어린이들의 과학 문해력을 높이기 위해 어린이들이 궁금해하고 알아야 할 과학 지식을 오싹한 공포 이야기 속에 녹여 냈습니다.

국립과천과학관 과학 미스터리 시리즈

오싹오싹 과학 미스터리

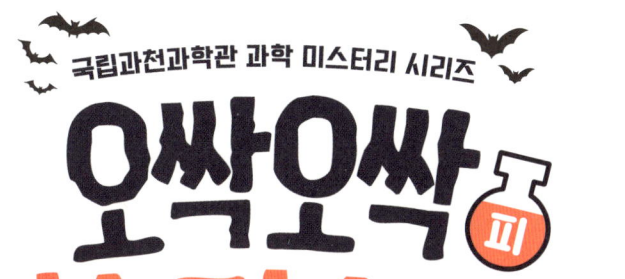

① 뱀파이어의 비밀

글 국립과천과학관 이혜선 · 그림 김완진

상상아카데미

여는 글

　시간이 지날수록 기억은 희미해집니다. 하지만 오래도록 또렷하게 남는 기억도 있지요. 지금 이 순간 저에게는 중학교 3학년 과학 시간이 아주 강렬하게 떠오릅니다. 선생님께서 초록 칠판에 착착 써 내려가던 화학 반응식, 그와 더불어 친절하고 명쾌하게 곁들이시던 설명은 아직도 생생하게 기억납니다. 식과 답이 딱딱 맞아떨어지는 화학 반응식을 보며, '어떻게 저렇게 쓸 생각을 했을까?' 하고 감탄이 터져 나왔어요. 신기했던 저는 '나도 반응식을 자유자재로 쓰고 싶다.'라고 생각했습니다.

　그 후로 저는 과학 과목 중에서도 화학의 매력에 풍덩 빠져 버렸습니다. 과학자가 된 다음에는 제가 즐겁게 배우고 공부한 과학의 재미와 쓸모를 다른 사람들에게 알려 주고 싶었습니다. 과학 지식이 책으로 배워 머리에 머무는 데서 끝나는 게 아니라, 우리 삶 속에 다양하게 쓰인다는 걸 가르쳐 주고 싶었어요. 그 지식이 세상을 살아가는 데 꽤 많은 도움을 준다는 사실도요.

　어린이들이 좋아하는 오싹한 공포 이야기도 과학으로 풀어낼 수 있다면 어떨까요? 〈오싹오싹 과학 미스터리〉 시리즈는 여름 방학 때 진행한 국립과천과학관의 납량 특집 전시 프로그램을 바탕으로 기획되었습니다. '과학으로 귀신을 설명할 수 있을까?', '여름이면 찾아오는 귀신 이야기의 실체를 과학으로 밝혀 보자!'는 게 목표였지요. 공포와 과학이 만나는 전시 내용은 어린이들에게 꽤 반응이 좋았습니다. 책으로 만나볼 〈오싹오싹 과학 미스터리〉 시리즈는 어린이들이 좋아하는 괴물의 미스터리를 풀며 과학 지식을 습득할 수 있게 구성했어요. 책마다 전설 속 괴물을 만나며 자연스레 과학 지식을 깨칠 수 있지요.

어떤 일을 좋아하고 흥미를 느끼려면 계기가 필요합니다. 재미있는 이야기에 스민 과학 지식을 읽으며 과학에 호기심과 흥미를 느꼈으면 좋겠습니다. 더불어 여러분의 상상력을 맘껏 발휘하길 바랍니다. 이야기를 읽으며 과학에 관심을 느끼고 즐겁게 공부하는 친구가 늘어난다면 너무나 행복할 것 같습니다.

〈오싹오싹 과학 미스터리〉 시리즈의 첫 번째 이야기에서는 뱀파이어 세계로 여러분을 초대합니다. 흥미진진한 이야기로 뱀파이어의 비밀에 얽힌 과학 지식을 알아보세요!

국립과천과학관 이혜선

등장인물

이유나

공포물을 좋아하는 여자아이.
겁이 없고 모험을 좋아하여 자주 위기에 빠진다.
뱀파이어가 실제로 현실에 존재할지도
모른다고 믿는다.

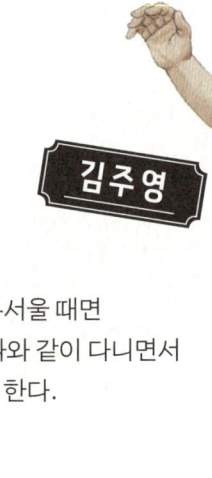

김주영

유나의 오래된 소꿉친구.
먹을 것을 좋아하며 겁이 많아 무서울 때면
자기도 모르게 방귀를 뀐다. 유나와 같이 다니면서
의도치 않게 무서운 경험을 많이 한다.

차시후

유나와 주영이 반에 새로 온 전학생.
유나의 옆집에 이사 온 새 이웃이다.
피부가 창백한 데다 한여름에도 긴팔
후드 티를 입으며, 햇빛을 무서워해
정체가 무엇인지 의심받는다.

털보 박사

우리나라 최고의 과학자.
유나의 할아버지로, 유나가 위기에 빠질
때마다 방대한 과학 지식으로 도움을 준다.
어린이들을 좋아해서 함께 다니는 걸 즐긴다.
별을 보며 치킨을 먹는 게 취미다.

목차

여는 글	4
등장인물	6

1 수상한 녀석의 등장

새로운 이웃	14
수상한 옆집	18
전학생 차시후	27
시후는 정말 뱀파이어일까?	31

오싹오싹 과학관 미스터리를 밝혀라!

+ 뱀파이어일까요, 아닐까요?	36
+ 피는 무엇으로 이루어져 있나요?	38

2 시후의 정체를 밝혀라!

모자 사건	42
도시락 가방의 비밀	48
추적! 점심시간	53
비장의 무기, 마늘	58

오싹오싹 과학관 미스터리를 밝혀라!

+ 햇빛은 우리 몸에 어떤 영향을 끼칠까요?	64
+ 뱀파이어는 정말 마늘을 싫어하나요?	66

3 공포 체험! 이상한 불빛

별 보러 가자! — 71
신비한 통로 — 79
오싹오싹 과학관 미스터리를 밝혀라!
+ 사람의 체온은 왜 늘 일정해야 하나요? — 88

4 뱀파이어 마을에서 살아남기

여긴 어디지? — 93
뱀파이어의 계획 — 95
인공 혈액 연구실 — 102
오싹오싹 과학관 미스터리를 밝혀라!
+ 인공 혈액을 만들 수 있을까요? — 114

5 무사히 돌아왔어!

드디어 풀린 오해 — 118
시뻘건 복수 — 122
오싹오싹 과학관 미스터리를 밝혀라!
+ 정말 지구에 뱀파이어가 있을까요? — 126
+ 뱀파이어로 오해받은 사람들의 정체는? — 128

1 수상한 녀석의 등장

새로운 이웃

나의 단짝 친구 소이네가 이사 간 뒤 반년 이상 비었던 옆집에 새로운 사람들이 오갔어. 나는 멍하니 잠이 덜 깬 채로 바쁘게 이삿짐이 드나드는 모습을 지켜보았지. 그 순간 나를 부르는 엄마의 목소리가 들렸어.

"유나야, 벌써 여덟 시야. 얼른 아침 먹자."

"으악! 오늘은 일요일이라고요! 더 자고 싶어…."

이불 속으로 다시 들어가려는데 옆집 가족의 모습이 눈에 들어왔어.

"앗! 가족이 모두 같은 옷을 입었네! 게다가 후드 티?"

30도가 넘는 여름에 검은색 긴팔 후드 티라니! 좀 더 지켜보고 싶었지만, 다시 시작된 엄마의 부름에 거실로 나갔어.

"오늘은 정말 피곤하다고요. 조금 더 잠을 자야…."

"그래? 그럼 주먹밥은 우리끼리 먹어야겠구나!"

"으악! 그… 그건 안 돼요!"

엄마가 해 주는 음식은 항상 최고야. 더욱이 참치와 마요

네즈를 넣은 주먹밥은 내가 가장 좋아하는 음식이지.

"옆집에 드디어 새로운 가족이 이사를 오나 보다. 우리 유나 또래도 있는 것 같던데."

"네. 저랑 비슷한 또래 친구가 있는 것 같더라고요."

무더운 여름에 검정색 후드 티를 입은 모습이 마음에 걸렸어. 하지만 새로운 친구가 생긴다는 생각에 금세 기분이 좋아졌어!

오늘은 내가 가장 좋아하는 일요일. 내가 좋아하는 공포 만화책을 실컷 읽을 거야.

난 공포 장르라면 동화책이든 만화책이든 뭐든 가리지 않고 봐. 오싹한 그림은 물론이고 문장 사이에서 느껴지는 으스스함이 얼마나 매력적인지 몰라!

그런데 얼마 전에 학교 앞에 무인 헌책방이 생겼어. 오싹오싹 공포 책방! 들어가 보니 이름처럼 분위기도 으스스하더라고. 거기에 있는 모든 책을 당장 읽어 보고 싶었지만 용돈이 간당간당해서 딱 한 권밖에 살 수가 없었어. 아주 신중하게 살피고 또 살폈어. 그러다가 난 거기서 제일 재미있어 보이는 책을 발견했지. 바로 《꼬꼬마 흡혈귀》!

수상한 옆집

"유나야, 주영이네 사과 좀 가져다주고 올래?"

"제가요? 흠…. 저 주영이랑 요즘 사이가 안 좋아서요. 오늘은 주영이 얼굴을 보고 싶지 않아요."

"너희들 또 싸운 거야? 이번에는 왜 싸웠는데?"

"아니, 엄마. 제 말 좀 들어 보세요. 주영이가 학교 갈 때 매번 늦는 건 알죠? 그래서 제가 아주 부드럽게 늦지 말라고 이야기했더니, 나한테 오히려 짜증을 내지 뭐예요?"

"뭐, 주영이가? 엄마가 대신 혼내 줘야겠다! 유나야, 앞장서라!"

엄마는 연기인지 진심인지 일부러 더 화를 냈어. 그러니까 내가 더 이상 뭐라고 못하겠더라고.

"아…. 엄마, 아니에요. 뭘 그렇게까지! 잘 풀어 볼게요. 그냥 사과 주세요."

주영이는 나랑 가장 친한 친구야. 주영이네 엄마와 우리 엄마는 우리가 태어나기 전부터 친구였거든. 그래서 우리도

태어나는 순간부터 어쩔 수 없이 친구가 된 거지. 그래도 주영이는 꽤 괜찮은 친구야. 겁이 많고, 조금 느려서 답답할 때도 있지만, 늘 나와 함께하거든.

　게다가 주영이는 우리 집 바로 옆에 살아. 걸어서 딱 2분. 엎어지면 코 닿을 거리지. 덕분에 주영이네 가족이랑 우리

가족은 여행도 같이 다니고, 밥도 자주 같이 먹어.

나는 얼른 주영이네 집에 가서 벨을 눌렀어.

"누구세요?"

"이모, 저 유나예요. 엄마가 사과 갖다드리라고 해서 왔어요."

"유나구나. 어서 들어오렴. 주영아, 유나 왔다!"

주영이는 나를 본체만체하고 방으로 쏙 들어가 버렸어.

"아니, 쟤는 왜 또 저런다니? 주영아, 유나한테 인사 안 할 거야?"

이모는 방문을 꽝 닫는 주영이에게 소리쳤어. 나도 속이 부글부글 끓었지만 이모 앞이라 참았지.

"미안하다! 유나야. 그리고 엄마한테 감사하다고 전해 드리렴."

이모는 내가 제일 좋아하는 꿀빵을 한 봉지 가득 담아 주셨어. 이모는 내게 항상 따뜻하고 친절해. 그런데 주영이 쟤는 왜 저러는지 정말 모르겠어. 내일 학교에서도 저러려나.

나는 집으로 돌아가다가 문득 새로 이사 온 옆집 친구가 궁금했어. 조금 망설이다 초인종을 꾹 길게 눌렀지.

딩동딩동.

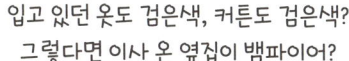

"잘 갖다주고 왔니?"

"네! 이모가 꿀빵도 줬어요."

"참, 네가 나간 사이 옆집 부부가 다녀갔단다. 얼굴이 너무 하얘서 깜짝 놀랐지 뭐야? 뱀파이어처럼 새하얗더라고. 하하! 석류 주스를 주고 갔으니 너도 먹으렴!"

'그럼 내가 옆집에서 본 게 피가 아니라 석류 주스?'

나는 내 방에 돌아와 잠을 자려고 누웠어. 그런데 옆집 가족의 얼굴이 계속 떠올라 잠이 오지 않더라고.

'뱀파이어처럼 하얗다고?'

그 순간, 오늘 아침에 읽었던 만화책 《꼬꼬마 흡혈귀》가 떠올랐어. 나는 침대에 엎드린 다음 책을 펼쳤어. 《꼬꼬마 흡혈귀》라면 내 궁금증을 해결해 줄지도 몰라!

"어디더라?"

책장을 빠르게 넘겼어. 마음이 급한 탓에 손이 마음대로 움직이지 않았어.

"이쯤에 있었던 것 같은데. 앗! 찾았다!"

《꼬꼬마 흡혈귀》에서 뱀파이어의 특징을 정리한 부분을 찾았어.

"뱀파이어는 햇빛에 매우 약하고, 얼굴이 아주 희며, 뾰족한 송곳니를 가지고 있다. 또한 마늘을 두려워하며 때때로 초인적인 힘을 내기도 한다. 그리고 가장 중요한 점! 바로 피를 먹으며 살아간다는…. 으악, 정말 옆집 사람들이 뱀파이어야?"

내 옆집에 뱀파이어 가족이 산다니 상상만 해도 오싹오싹해. 제발 내 예상이 틀리기를!

전학생 차시후

다음 날 학교에서 수업을 듣는데 잠이 마구 쏟아졌어. 책상 앞에 앉아 있기가 힘들 정도였지.

"너는 어제 뭘 했길래 아침부터 그렇게 조는 거야? 일찍 안 자면 키가 안 큰다고 하잖아. 너는 키도 작은데 언제 크려고?"

가뜩이나 졸리고 피곤한데 주영이까지 나서서 날 귀찮게 하니 확 짜증이 몰려왔어. 어젯밤에 옆집 가족이 뱀파이어일지도 모른다는 생각에 새벽까지 잠을 설쳤거든.

"야, 김주영! 너 정말…!"

드르륵.

그때 교실 문이 열리며 담임 선생님이 처음 보는 남자아이와 함께 교실로 들어왔어.

"앗! 저 아이는 유나네 옆집에 이사 온 애잖아!"

주영이 말에 갑자기 잠이 확 깼어. 옆집 아이라고?

"얘들아! 잠시 주목! 오늘 우리 반에 전학 온 친구가 있단다. 인사하렴!"

차시후? 나는 자기소개를 하는 시후를 유심히 봤어. 엄마 말대로 창백할 정도로 피부가 하얗더라고! 게다가 어제와 마찬가지로 후드 티에 모자까지 푹 눌러썼어. 그 모습이 《꼬꼬마 흡혈귀》의 뱀파이어 모습과 똑 닮았지 뭐야.

아주 길고 뾰족한 송곳니가 있다면 뱀파이어가 틀림없어! 그런데 그런 송곳니가 있는지 없는지 확인하기에는 거리가 멀었어. 게다가 시후는 자기소개를 하느라 긴장했는지 입도 작게 벌리고 이야기하더라고.

'좀 더 입을 크게 벌리면 봤을 텐데. 아쉽다. 다음 기회를 노려야지!'

나는 수업에 집중할 수가 없었어. 우리 옆집에 아니, 우리 반에 뱀파이어가 있다니! 공포 장르를 좋아하는 사람으로서 난 시후가 뱀파이어가 맞는지 꼭 확인해야만 했어. 그러다 보니 시후가 앉은 쪽으로 자꾸 시선이 갔지. 창가에 빈자리가 있는데도 멀리 떨어진 구석 자리에 앉고 싶다고 한 것도 의심스러웠어.

게다가 긴바지에 긴팔옷까지 입었지 뭐야. 이 더운 날에 저런 옷이라니! 정말 이상하잖아?

시후는 정말 뱀파이어일까?

점심시간이 막 끝나갈 무렵, 시후가 숨을 헐떡이며 들어왔어. 점심도 안 먹고 어디에 다녀온 거지? 저 가방은 또 뭐고. 궁금해 죽겠네. 그때 문자가 하나 왔어. 주영이었어.

> 유나야, 오늘 학교 끝나고 엄마가 너랑 같이 집에 오래. 네가 좋아하는 떡볶이 해 주신대! 난 전달했다!

> 좋아! 전학생한테도 같이 가자고 해 볼까?

> 그래? 그럼 부르지 뭐.

"꺅!"

문자를 주고받으면서 난 나도 모르게 소리를 질렀어. 어떻게 하면 시후와 더 가까워질 수 있을지 생각하던 참이었는데, 마침 전학생 시후와 친해질 기회가 생겼으니까!

시후를 어떻게 초대할지 고민하느라 수업 내용은 귀에 들어오지 않았어. 어느새 시간이 훌쩍 지나 버렸더라고.

수업이 끝난 뒤, 가방을 챙기는 시후에게 말을 걸었어.

"차시후라고 했지? 나는 유나야! 너희 옆집에 살아."

"내가 어디 사는지는 어떻게 알았어?"

"일요일에 이삿짐 나르는 걸 봤거든."

그때 주영이가 우리 앞에 와서 알은체를 했어.

"안녕! 난 김주영이야. 오늘 우리 집에서 유나랑 떡볶이 먹을 건데 너도 올래? 같이 가자! 참, 우리 집은 유나네 옆집이야."

"미안. 오늘은 바로 학원에 가야 해서…."

역시, 뭔가 비밀이 있어. 일부러 피하는 느낌이 들더라고. 여기서 포기할 내가 아니지!

"아, 그래? 그럼 학원 가는 길까지만 같이 가자."

"그래."

시후는 마지못해 승낙했어.

야호! 이제 시후의 비밀을 알아낼 수 있을지도 몰라.

"시후야, 어제 너희 가족이 이사할 때 보니까 가족 모두 긴팔 후드 티를 입었던데 왜 그런 거야? 난 긴팔 티는커녕 반팔 티셔츠만 입어도 땀이 쭉 흐르는데."

"음, 그건 지금은 말하기 싫어!"

시후는 단호하게 거절했어.

"또 궁금한 게 있는데, 너희 집 거실 창가에 검은색 커튼이 쳐져 있더라고. 검은색을 좋아하나 봐, 그렇지?"

시후는 대답하지 못하고 우물쭈물했어.

'흠…. 수상해! 왜 대답을 안 하는 거야? 왜?'

나는 너무 답답했어. 그사이 우리는 시후네 학원 앞에 도착했지. 시후는 기다렸다는 듯이 건물 안으로 뛰어 들어가 버렸어. 이런 순간에도 주영이는 아무 생각 없이 신나 보였어. 으이구, 떡볶이 귀신인 주영이에게 다른 생각이 끼어들 틈이 없겠지!

옷에 떡볶이 국물이 튀는 줄도 모르고 먹던 주영이가 입을 열었어.

"유나야, 오늘 전학 온 애 좀 수상하지 않아? 아까 네 질문에 다 얼버무리기만 하고 말이야. 점심시간에는 종이 울리자마자 어디로 달려가더라고!"

"그래? 난 잘 모르겠던데…."

주영이 녀석, 은근히 예리하다니까. 관심 없는 척하면서 다 보고 있었어.

"생각해 봐. 보통 교실에 들어오면 모자를 벗잖아. 그리고 네 말대로 점심도 안 먹고 사라져 버리고. 좀 수상해."

"뭐, 낯설어서 그런 거겠지. 쑥스러우니까 모자를 일부러 썼을 수도 있고."

나는 오히려 대수롭지 않게 말했어. 주영이가 한번 의심하면 일이 커질 수 있거든.

"호기심 많은 네가 아무렇지 않다니 그게 더 이상한데?"

주영이는 계속해서 날 수상쩍게 생각했지만, 이모가 간식으로 아이스크림까지 내오자 금방 잊어버렸어. 역시 단순한 녀석이야. 그나저나, 시후는 진짜 뱀파이어일까?

오싹오싹 과학관
미스터리를 밝혀라!

Q. 뱀파이어일까요, 아닐까요?

1725년에 헝가리에 살던 62세 농부 페테르 폴로고요비츠가 사망한 후, 얼마 지나지 않아 페테르의 아들이 나타나 아버지가 다시 살아났다고 주장했어. 자기 집에 다녀갔다는 거야. 그것도 무려 여덟 번이나 말이야. 그런데 아버지가 다녀간 날이면 어김없이 그다음 날 주민 한 사람이 죽었다고 해. 8일 동안 아홉 명이나 죽었지. 몇 년 뒤, 이를 이상하게 여긴 황제 카를 6세가 농부의 무덤을 파서 조사했고, 그 결과를 기록으로 남겼어.

- 시체가 전혀 부패하지 않았다. 심지어 머리카락과 손톱, 수염이 자라 있었다.
- 페테르는 죽기 전보다 살이 더 쪄 있었다.
- 시체의 입가에 피가 묻어 있었다.

무덤에 있던 시체는 정말 뱀파이어였을까? 과학자의 입장에서 말하면 페테르는 뱀파이어가 아니야. 전문가들은 "죽은 사람이 살아 돌아왔다."라고 주장하는 사람 대부분이 가까운 사람의 죽음을 경험한 지 얼마 안 된 경우가 많다는 것을 알아냈지. 그래서 큰 충격 탓에 순간적으로 환각을 느꼈을 수도 있다고 본 거야.

또 시신이 부패하지 않았던 건 페테르가 살던 지역이 헝가리 북부 지방으로 매우 추웠기 때문이야. 기온이 영하로 떨어지는 추운 곳은 시신이 오랫동안 부패하지 않거든. 마지막으로, 시신이 살찌거나 피가 묻었다는 기록은 사망 직후 세균이 기체를 뿜어내기 때문이라고 보았어. 이때 배가 빵빵해지고 몸속 피가 입 밖으로 나오기도 한단다. 이처럼 과학과 의학이 발달하기 전에는 사람들이 뱀파이어가 있다고 믿을 만한 일들이 많았어.

오싹오싹 과학관
미스터리를 밝혀라!

Q. 피는 무엇으로 이루어져 있나요?

붉은 혈액은 수많은 세포와 여러 가지 물질들로 가득 차 있단다.

혈액은 '적혈구, 백혈구, 혈소판, 혈장'으로 이루어져 있어.

각각의 역할을 자세히 알아볼까?

- **혈장** 55%
- **백혈구** 몸에 들어온 세균을 잡아먹어 몸을 보호한다.
- **혈소판** 1% — 몸에 상처가 생기거나 혈관이 터질 경우 혈액을 엉기게 해 출혈과 병원균의 침입을 막는다.
- **적혈구** 45% — 혈구의 99퍼센트를 차지한다. 적혈구 속에 있는 붉은색 색소인 헤모글로빈 때문에 피가 붉은색으로 보인다. 몸에 필요한 산소를 운반한다.

<피의 구성 성분 비율>

- **적혈구**
- **혈장** 우리 몸에 필요한 영양소가 녹아 있다. 대부분 물로 이루어져 있다. 세포에서 생성된 노폐물은 혈장을 통해 땀, 소변 등으로 몸 밖으로 배출된다.
- **백혈구**
- **혈소판**

🔴 **이렇게 중요한 역할을 하는 혈액이 부족해지면 어떻게 해야 할까?** 바로 수혈을 해서 부족한 피를 보충해야 해. 수혈할 때 중요한 것이 바로 혈액형이야. 같은 혈액형끼리 수혈해야 하기 때문이지. 혈액형은 흔히 'ABO식'과 'Rh식'을 함께 사용해서 분류해. Rh+ O형, Rh- A형 이런 방식으로 말이야. 그런데 혈액형을 알아내 분류하기 시작한 건 얼마 되지 않았어.

혈액형을 처음으로 분류한 사람은 카를 란트슈타이너라는 의사야. 1900년에 여러 사람의 피를 섞다가 서로 엉기는 현상을 발견했어. 어떤 피끼리는 섞어도 엉기지 않고, 어떤 경우에는 엉기는 현상이 일어났지. 연구를 거듭한 끝에 혈액의 종류가 다름을 밝혀냈고 사람의 혈액은 A, B, C형으로 나눌 수 있다는 것을 알아냈어. 훗날 C형은 O형으로 이름이 바뀌었고, 2년 후 AB형은 그들의 제자가 밝혀냈어.

연구에 계속 집중한 란트슈타이너는 1940년도에 다른 연구자들과 함께 Rh형도 밝혀냈어. 이러한 연구들 덕분에 오늘날 우리가 안전하게 수혈받고 치료할 수 있게 되었단다.

2 시후의 정체를 밝혀라!

모자 사건

"우아! 즐거운 체육 시간이다!"

수업 종이 울리자마자 주영이는 기다렸다는 듯이 크게 소리쳤어. 하지만 반 친구들은 불평을 터뜨렸지.

"이렇게 더운 날 운동장에서 수업하면 쓰러질 것 같아."

"오늘이 30년 만에 가장 더운 날이래. 죽었다."

그런데도 주영이는 신나게 운동장으로 뛰어나갔어. 주영이만큼 체육을 좋아하는 아이는 세상에 없을 거야. 체육복을 갈아 입고 운동장에 나가 보니 친구들이 모여 웅성거렸어. 무슨 일이 있는 건가? 체육복을 갈아 입고 운동장에 나가 보니 친구들이 모여 웅성대고 있었어. 무슨 일이 있는 건가?

운동장 한쪽 구석에 친구들과 다른 복장을 한 친구가 눈에 띄었어. 긴팔에 긴바지 체육복을 입었지 뭐야. 30년 만에 가장 덥다는 오늘 같은 날에 말이야.

"아! 저건 누구지?"

바로 시후였어. 모자까지 푹 눌러썼어.

그때였어.

"안 돼!"

시후의 외마디 비명이 들렸어. 주영이가 시후가 쓴 모자를 갑자기 벗겨 버렸지 뭐야! 아, 진짜. 저 녀석!

참! 시후가 진짜 뱀파이어면 어떡하지? 뱀파이어는 햇볕을 쐬면 죽을지도 모른다고!

시후는 얼굴을 감싸며 주저앉았어.

"내 모자 줘! 이리 내!"

"날 잡아 보시지! 날 따라잡으면 줄게, 준다니까?"

주영이는 이미 모자를 들고 저 멀리 달아난 뒤였어. 시후는 그걸 아는지 모르는지 두 손으로 얼굴을 가린 채 모자를 달라고 소리쳤어. 얼마 못 가 주영이는 체육 선생님께 잡히고 말았지.

"김주영! 차시후! 교무실로 따라 들어 와! 너희들은 교실로 돌아가 자습하면서 기다리도록!"

주영이와 시후는 선생님을 따라 교무실로 들어갔어. 반 친구들은 뙤약볕에서 땀 흘리지 않게 되었다며 좋아했지.

나의 온 신경은 교무실을 향했어. 드디어 시후의 정체가 밝혀지는 게 아닐까? 이렇게 더운 날에 긴팔, 긴바지, 얼굴 전체를 덮는 모자를 쓴다는 게 말이 돼? 선생님도 시후에게 모자를 왜 썼는지 물어보겠지. 그러면 시후는 사실을 고백할 수밖에 없을 거야.

그런데 왜 이렇게 오래 걸리는 거지? 혹시 시후가 화가 나서 주영이를? 헉! 지금 내가 무슨 생각을 하는 거야. 시간이 지날수록 마음이 불안해졌어. 정말 시후가 뱀파이어라면?

그때 막 주영이와 시후가 교실로 돌아왔어. 주영이 얼굴을 보니, 체육 선생님께 호되게 혼난 모양이야. 그런데 시후 얼굴이 이상했어. 얼굴이 부어오른 데다 여기저기에 붉은 반점이 생겼지 뭐야! 무슨 일이 있었던 거지?

"시후야, 미안해. 정말 장난이었어."

"아니야, 주영아! 네가 몰랐으니까 그랬겠지. 괜찮아."

난 더 참을 수가 없었어!

"시후야! 근데 네 얼굴은 왜 그래? 설마 주영이가 너를…."

"유나, 너 지금 나를 의심하는 기야? 시후는…."

"사실은 내가 햇빛 알레르기가 있거든."

햇빛 알레르기라니?

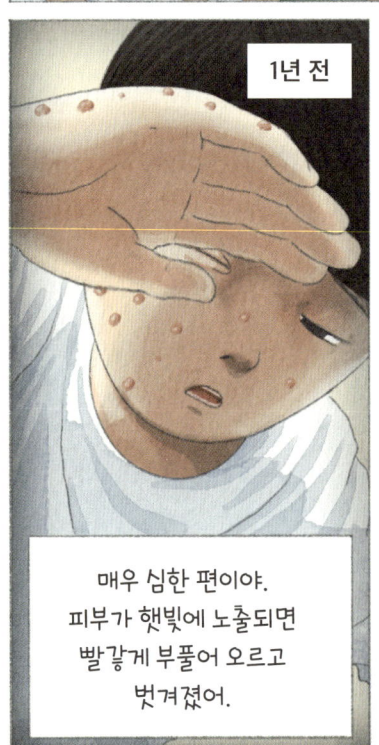

"땅콩 알레르기, 복숭아 알레르기는 들어봤어도 햇빛 알레르기는 처음 들어보는데?"

"햇빛에 알레르기 반응을 일으키는 거야! 우리 식구 모두 햇빛 알레르기야. 난 어렸을 때부터 햇빛 알레르기가 있어서 익숙해. 선생님께도 미리 말씀드려서 수업 시간에도 모자를 쓰는 거야."

그러면 시후는 뱀파이어가 아닌 걸까? 우선 모자를 쓰고, 긴팔, 긴바지 체육복을 입는다는 건 중요한 증거가 될 수 없다는 결론을 내렸어. 하지만 아직 의심을 거두기엔 일러. 빨리 다른 증거를 찾아봐야겠어.

"꺅! 뭐야?"

시후 생각에 골똘히 빠져 있는데, 뒤에서 뭔가 날아왔어.

"유나야, 수업에 집중해야지!"

선생님께 혼나고 뒤를 돌아보니 주영이가 나를 보고 혀를 날름 내밀었어. 저 녀석이 지우개를 던져 일부러 나를 맞춘 거지. 두고 봐, 김주영!

도시락 가방의 비밀

기다리던 점심시간.

나는 종이 울리자마자 시후를 찾았어. 그런데 시후가 좀 더 빨랐지 뭐야! 막 교실을 나서던 시후를 놓칠세라 빠른 걸음으로 쫓아갔어.

"유나야!"

그때 주영이가 날 따라오며 소리쳤어. 아! 또 주영이라니!

"너 차시후 따라가냐?"

"그… 그냥! 점심시간만 되면 어디론가 사라지는 게 궁금하잖아! 그래서…."

주영이랑 잠깐 이야기하는 사이, 시후를 놓치고 말았어.

"네가 말을 시켜서 시후를 놓쳤잖아!"

난 조급한 마음에 학교 안에 시후가 있을 만한 곳을 찾아보았어. 주영이도 미안했는지 나와 함께 시후를 찾았어. 하지만 시후는 어디에도 없었어.

"학교 밖으로 나간 걸까?"

"점심시간이 거의 끝나가니 이제 자리로 돌아오겠지? 우리 빨리 가서 점심 먹자."

시후가 뱀파이어라는 중요한 증거를 찾을 기회를 놓쳤는데, 이 와중에 밥이라니. 나는 마음을 가라앉히려고 애를 썼어.

주영이와 반으로 걸어가는데 멀리 시후가 보였어.

"시후야! 너 어디 갔다 왔어? 너 없어진 줄 알고 동네방네 다 찾으러 다녔잖아!"

주영이는 시후에게 짜증 섞인 목소리로 말했어. 그럴 만하지. 주영이는 배고픈 걸 가장 못 참으니까. 시후는 우물쭈물하며 답을 못했어. 앗! 그때 시후 손에 들린 도시락 가방이 눈에 들어왔어. 우리가 들고 다니는 도시락 가방의 세 배는 될 정도로 엄청난 크기였어. 어제도 들고 있던 가방인데, 뭔가 중요한 물건처럼 보였어.

"시후야, 이건 뭐야?"

"아, 이건⋯."

"얘들아, 수업 시작한다. 어서 들어와."

가방에 뭐가 들었는지 궁금했는데 하필 선생님을 복도에서 만났지 뭐야. 다음 기회를 노릴 수밖에.

내일은 기필코 시후를 따라가서 시후가 뱀파이어라는 증거를 꼭 찾아내고 말 테야.

"주영아, 너 내일 점심에 간단히 먹을 거 싸 와. 아무래도 시후 뒤를 쫓아가려면 준비를 단단히 해야겠어."

"유나야, 왜 그렇게까지 하는 거야? 햇빛 알레르기 때문에 모자와 긴팔 체육복을 입었다고 했잖아."

"뭔지는 모르겠는데 시후는 비밀이 많아 보여. 이제 막 전학 와서 어색해도, 점심은 같이 먹을 수 있는 거잖아."

"뭐… 그렇긴 하지만."

"오늘도 점심시간 종이 치자마자 빠르게 빠져나갔잖아."

"밥이야 혼자 먹을 수 있지. 나도 종종 혼자 먹는다고! 유나 너도 혼자 먹을 때 있잖아."

"손에 들고 있던 엄청난 크기의 가방. 그 가방 안에 뭐가 있는지 꼭 알아내야 해."

나는 주영이에게 《꼬꼬마 흡혈귀》에 나온 이야기를 들려주었어. 그리고 시후네 가족이 이사 오는 날에 본 것을 모두 이야기했지.

"유나야, 너 요즘 공포물을 너무 많이 보는 거 아냐? 세상에 뱀파이어가 어디 있어?"

주영이는 평소에 내가 공포물을 좋아하는 걸 누구보다 잘 알아. 주영이는 나와 반대로 공포물이라면 질색을 하지.

"나는 시후가 뱀파이어라면 뱀파이어라는 증거를, 뱀파이어가 아니라면 아닌 증거를 꼭 찾고 싶을 뿐이라고."

"만약… 시후가 진짜 뱀파이어라면… 점심시간에 사라지는 것도 말이 되고, 도시락 가방을 따로 들고 다니는 것도 말이 되고… 심지어 긴팔, 긴바지를 입고 모자까지 쓴 것도 말이 되네."

"그렇다니까!"

나는 주영이의 말이 새삼 반가웠어. 내가 의심하는 점을 정확히 짚어 내다니.

"그러니까 내일 나랑 점심시간에 같이 시후 가방 안에 뭐가 있는지 확인해 보는 거 어때? 그거면 다 해결된다고."

"그렇게 말하니 궁금하긴 하네! 오늘 시후를 놓친 실수를 만회해야지! 나만 믿으라고."

주영이는 큰소리치며 말했어.

추적! 점심시간

"자석에 붙는 물체는 어떤 것들이 있을까요?"

"못이요!"

"철로 된 물체는 전부 다요!"

4교시 과학 시간. 역시나 오늘도 수업에 적극적인 친구들이 손을 번쩍 들고 선생님 질문에 답했어.

나도 과학을 정말 좋아해. 그래서 곧잘 손을 들고 선생님 질문에 답하는 편이지. 오늘만 빼고 말이야. 오늘은 도무지 수업에 집중할 수가 없었어. 4교시 과학 시간이 끝나면 바로 점심시간이거든.

우리는 조심스럽게 시후 뒤를 쫓았어. 시후는 운동장 구석에 나무가 우거진 곳 아래 벤치에 앉았어. 우리가 학교 벽에 몸을 숨기고 시후를 지켜보는데, 시후는 주위를 살피며 천천히 가방을 열었어.

"분명 저 커다란 가방에 뱀파이어가 먹을 만한 게 들어 있을 거야. 동물의 사체나 피 같은 거!"

그런데 시후의 가방에서 나온 건 4단 도시락이었어. 시후는 윗단부터 천천히 도시락을 열었어. 첫째 단, 둘째 단, 셋째 단, 그리고 마지막 맨 아래 도시락까지 다 열었어.

"저게 다 도시락이라고? 저걸 다 혼자 먹는다고?"

예상치 못한 도시락 크기에 주영이와 나는 당황했어.

"그냥 도시락일 리 없어. 분명히 뱀파이어가 좋아하는 음식이 저 도시락 안에 있을 거야."

내가 무슨 말을 하든 주영이의 관심은 오직 시후의 도시락 안에 든 음식에만 가 있었어.

꼬르륵, 꼬르륵. 주영이 배 속에서 나는 소리가 얼마나 큰지 나는 시후가 우리를 눈치챌까 봐 조마조마했어. 그 순간 주영이는 내가 생각지도 못한 말을 했어.

느닷없이 우리가 나타나자 놀란 시후가 말했어.

"앗! 깜짝이야. 내가 여기 있는 줄 어떻게 알았어?"

"아, 유나가…."

나는 얼른 달려가서 주영이의 등을 한 대 쳤어. 그걸 말하면 어떡하냐고.

"아… 그냥! 입맛이 없어서 유나와 산책을 나왔어. 그런데

이거 다 너 혼자 먹는 거야? 진짜 맛있어 보인다!"

휴! 다행이야. 주영이는 시후를 쫓아 나선 이유를 더 말하진 않았어.

"유나야! 너도 이리 와서 같이 먹어."

시후의 도시락에는 뱀파이어가 좋아할 만한 건 없었어. 그저 4단 도시락에 우리가 좋아하는 음식이 가득 차 있을 뿐이었지.

시후는 진짜 뱀파이어가 아닌 걸까? 아직 그렇게 판단하기에는 이른 것 같아. 의심스러운 부분이 여전히 많은걸!

그나저나 시후의 도시락은 엄청나게 맛있었어. 뱀파이어고 뭐고, 너무 맛있어서 아무 생각도 나지 않더라고.

비장의 무기, 마늘

"시후야, 너 왜 밖에서 혼자 점심을 먹는 거야? 학교 급식이 맛없어?"

정신없이 시후의 도시락을 먹던 주영이가 물었어.

"실은 말이지…. 나는 다른 친구들보다 밥을 훨씬 많이 먹어. 하루에 여섯 끼는 기본이야. 학교 급식은 양이 너무 적어서 먹고 나서도 늘 배가 고프더라고."

"단지 그 이유로 도시락을 싸 오는 거라고?"

시후의 이야기를 듣고도 난 의심을 거둘 수 없었어.

"응. 내가 많이 먹는 모습을 반 친구들에게 보여 주는 것도 민망해. 너무 많이 먹으니까 예전 학교에서 나를 신기하게 보는 친구들이 있었거든. 그래서 반 친구들과 같이 점심을 먹고 나면 종종 소화가 안 돼서 소화제를 먹어야만 했어."

시후가 시무룩하게 대답했어.

"많이 먹는 게 뭐 어때서. 그리고 밥은 같이 먹어야 더 맛있는 법이라고."

시후의 돈가스를 집어 든 주영이가 말했어. 주영이도 많이 먹는데, 이 녀석은 남이 어떻게 보든 별로 상관하지 않거든.

"그건 그래. 하지만 내가 화젯거리가 되는 게 불편한 건 어쩔 수 없는걸. 게다가 난 햇빛 알레르기가 있어서 여름에도 긴팔 긴바지를 입다 보니 늘 관심의 대상이 되곤 해. 그래서 가능하면 더는 눈에 띄는 행동을 안 하고 싶을 뿐이야."

"시후야, 내일부터는 우리랑 같이 먹자. 우리도 도시락 싸 올게. 그리고 우리는 네가 밥 많이 먹는다고 신기하게 쳐다보거나 뭐라고도 안 할게. 네가 혼자 4단 도시락을 싹싹 다 비워도 말이야. 하하!"

주영이는 우리가 왜 시후를 찾아 나섰는지 까맣게 잊은 모양이야!

"밥이나 다 먹고 말해, 주영아. 너 혹시 시후가 싸 온 걸 뺏어 먹고 싶어서 그러는 건 아니지?"

"아… 아니야! 난 그저 시후가 혼자 밥을 먹는 게 마음에 걸려서…."

내 핀잔에 주영이는 멋쩍은 표정으로 말했어. 사실 주영이는 나보다 정이 많아. 툴툴대면서도 언제나 도움이 필요한 친구를 보면 나보다 먼저 친구에게 손을 내밀지.

하긴 나도 시후와 친해져서 손해 볼 일은 없지. 가까이에서 지켜보며 뱀파이어 증거를 찾는 거야!

"그래! 내일부터 우리 같이 점심 먹는 거다!"

"유나야, 진짜 맛있어. 고마워, 잘 먹을게!"

이럴 수가! 시후가 마늘을 좋아한다니!《꼬꼬마 흡혈귀》에 따르면, 뱀파이어는 마늘은 두려워한다고 했어. 그런데 지금 시후는 내 앞에서 마늘을 무서워하기는커녕 우걱우걱 야무지게 먹지 뭐야! 순간 입맛도 없고, 도시락도 먹기 싫어졌어. 그 뒤로 어떻게 시간이 지났는지 기억이 나지 않더라고!

수업이 끝나고 집으로 돌아가는 길에 주영이가 말했어.

"유나야. 내가 아니라고 했지? 시후는 그저 햇빛 알레르기가 있고, 먹는 걸 좋아할 뿐이야. 그런데 너, 아무리 시후 때문이라지만 내가 가장 싫어하는 줄 알면서도 마늘만 싸 오다니 너무해!"

"나한테 말 시키지 마. 지금 나 엄청 스트레스 받았거든!"

"마늘까지 먹는 걸 보면 못 먹는 게 없는 게 아닐까? 쓸데없는 생각은 그만해. 나는 이제 모든 의문이 풀렸어."

주영이는 옆에서 계속 내게 잔소리처럼 쏟아부었어.

"너도 생각해 봐. 오해할 만한 정황이 너무 많았잖아."

"아무리 그래도 그렇지. 세상에 뱀파이어가 어디 있냐?"

후. 정말 내가 잘못 짚은 걸까?

오싹오싹 과학관 미스터리를 밝혀라!

Q. 햇빛은 우리 몸에 어떤 영향을 미칠까요?

태양이 내뿜는 햇빛에는 우리 눈으로 볼 수 있는 가시광선, 눈에 보이지 않지만 따스함을 느낄 수 있는 적외선, 에너지가 높아서 다른 물질과 반응을 잘하는 자외선이 있어. 그중 자외선을 오래 쬐면 시력이 나빠지거나 피부암이 생길 수 있어서 주의해야 해. 특히 어린이들은 피부가 약해서 기온이 높은 날에 햇볕을 오래 쬐면 화상을 입을 수 있거든. 햇볕이 강한 여름철에는 얇은 긴 옷과 모자 등으로 자외선을 잘 차단해야 해.

그런데 평상시 햇볕이 강하지 않아도 햇빛을 힘들어하는 사람들이 있어. 햇빛 알레르기와 광반사 재채기 증후군 때문이지. 햇빛 알레르기가 심하면 단순히 햇볕을 쬐기만 해도 피부가 가렵고 빨개지는 증상이 나타나. 아주 심하면 벗겨지거나 피가 나기도 하지. 또 광반사 재채기 증후군이 있으면 어두운 곳에서 밝은 곳으로 나올 때 순간적으로 재채기가 나. 심한 경우에는 자다가 스마트폰으로 볼 때도 화면

빛 때문에 재채기가 나기도 한단다. 원인은 아직 명확하게 밝혀지지 않았어.

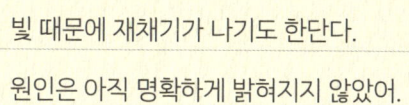

이것만 보면 자외선을 피해야 할 것으로 느끼겠지만, 사람에게 자외선은 꼭 필요하단다. 자외선은 우리 몸에 필요한 비타민 D를 만들어 내는데, 비타민 D가 있어야 뼈를 생성하고 유지할 수 있거든. 또 자외선은 몸속에서 즐거운 감정을 만드는 호르몬도 만들어 내기 때문에 햇빛 알레르기가 없다면 적절히 햇볕을 쐬는 게 좋아. 식물이 살아가는 데 필요한 광합성에도 자외선은 없어서는 안 될 존재란다.

Q. 뱀파이어는 정말 마늘을 싫어하나요?

뱀파이어가 등장하는 소설이나 영화를 보면 뱀파이어가 마늘을 싫어하는 것으로 표현한단다. 그래서 영화에서 사람들이 뱀파이어를 물리쳐야 할 때, 대문에 마늘을 걸어 놓는다거나 집 안 곳곳에 마늘을 놓아두는 것을 본 적이 있을 거야.

사실 뱀파이어가 마늘을 싫어한다는 것은 작가가 만든 설정이야. 옛날 사람들의 이야기를 들어 보면, 어쩌다가 뱀파이어가 마늘을 싫어한다는 설이 생겼는지 알 수 있지.

예부터 사람들은 마늘 자체에 사악한 것을 물리치는 힘이 있다고 믿어 왔단다. 마늘 냄새가 잡귀를 막아 준다는 믿음이 있어 집집마다 마늘을 거는 풍습이 있었지. 심지어 가축의 우리에도 마늘을 걸어 두었어. 뱀파이어도 옛날 사람들에게는 전염병만큼 두려운 대상이었지. 지금 우리가 균이나 바이러스 등을 두려워하는 것처럼 말이야.

그렇다면 **이러한 행동에 과학적 근거가 있을까?**

정답은 '그렇지 않다.'야. 이러한 행동은 사람들의 믿음이나 경험에서 나온 것이지.

시간이 지나 과학기술이 발달하면서 사람들은 마늘의 효능을 발견했어. 마늘의 가장 대표적인 효능은 살균·항암·항균 작용이야. 마늘이 우리 몸에 좋은 이유는 나쁜 균을 없애 주기 때문이지.

당시 사람들은 마늘의 효능을 과학적으로 밝히지는 못했어. 하지만 오랜 경험을 바탕으로 마늘이 나쁜 균을 물리쳐 준다는 것을 알았다는 게 신기하지 않니?

3
공포 체험!
이상한 불빛

별 보러 가자!

"주영아, 너도 알지? 우리 동네 사람들은 길고양이만 보면 밥 주느라 열심이고 너무 예뻐하잖아. 그동안 우리 동네만큼 고양이를 사랑하는 동네도 없었다고!"

"그… 그렇긴 하지! 어젯밤에도 엄마와 내가 길냥이에게 밥을 줬었는데…."

주영이는 흔들리는 눈빛으로 나를 보면서 말했어. 주영이는 특히 고양이를 좋아해. 집에서 키우고 싶어 하지만, 이모가 허락을 하지 않아 길고양이를 돌보는 일에 더욱 열심이지!

"설마…."

"요 며칠 뱀파이어가 사람인 척 잘 위장하며 잘 살았겠지. 더는 피가 없이 살 수 없었나 봐."

"헉! 시후가 정말 뱀파이어? 유나야, 우리 이제 어떻게 해야 하지?"

"어떻게 하긴. 증거를 찾아야지."

"증거를 어떻게 찾을 건데?"

"지금부터 생각해 봐야지! 무조건, 꼭, 반드시 내가 확실한 증거를 찾을 거야!"

그날 오후, 난 기발한 생각이 떠올랐어.

"주영아, 내가 생각해 봤는데 말이야."

"네가 뭔가를 생각했다고 할 때마다 무서운 거 알지? 분명히 또 시후가 뱀파이어라는 증거를 찾아보려는 거지? 이번에는 또 뭐야?"

역시 주영이는 내 속을 꿰뚫어 보았어. 내 친구가 맞긴 맞나 봐. 하하!

"너, 저기 과학관 뒤쪽 언덕에 가면 별이 잘 보이는 거 알지? 우리 시후랑 거기 같이 가 보는 건 어때?"

"뭐? 내가 거길 왜 가? 난 안 가. 절대, 절대!"

내 예상대로 주영이는 고개를 절레절레 흔들었어. 그도 그럴 것이 주영이는 겁이 아주 많거든. 내가 아는 사람 중에 가장 겁이 많은 사람을 꼽으라면, 더 생각해 볼 것도 없이 주영이니까.

"나한테 다시 이야기도 꺼내지 마! 난 생각만 해도 정말 싫어. 게다가 너는 분명히 한밤중에 가자고 할 거잖아!"

주영이는 아주 단호한 말투로 선을 그었어.

하지만 내가 누구야. 절대 꿈쩍하지 않을 것 같은 우리 아빠도 내 설득에 넘어온다고.

"김주영, 잘 생각해 봐. 차시후가 뱀파이어인지 아닌지 아는 건 정말 중요한 일이야."

"나한테는 안 중요해! 그러니 말도 꺼내지 마!"

"만일 시후가 뱀파이어라면…, 우리 학교랑 동네가 모두 위험할 수도 있다는 뜻이니까 당장 대책을 세워야 하잖아?"

주영이의 눈빛이 흔들렸어. 이때다 싶어 한 마디 덧붙였지.

"그리고 뱀파이어가 아니라면, 네가 안전하다는 사실을 아는 거니까 불안에 떨 필요가 없을 거고. 안 그래?"

주영이 얼굴을 보니, 이미 설득당한 표정이었어. 잠시 머뭇거리더니 떨리는 목소리로 내게 말했지.

"계속 불안에 떨 수야 없지! 그런데 시후가 뱀파이어인지 아닌지 알 수 있는 방법은 뭐야?"

"시후가 뱀파이어라면, 별 보러 언덕에 올라가는 걸 무서워하지 않겠지. 뱀파이어가 아니라면 너랑 비슷한 반응을 보일 거고."

이번에도 시후가 뱀파이어인지 아닌지 밝혀내지 못한다면, 우리는 다른 방법을 찾기 어려울 거야. 어떻게든 오늘 담판을 지어야 해!

"밤중에 우리끼리 별을 보러 가자니, 난 무서울 것 같은데. 너희는 안 무서워?"

그 말에 내가 속을 리 없지. 전혀 무섭지 않으면서 우리를 속이려고 하는 말일지도 몰라.

"무섭긴. 하나도 안 무서워. 동네 꼬마들도 엄마랑 같이 손잡고 온다고. 그 언덕에서 별이 가장 잘 보이거든."

나는 주영이에게 한마디 거들라는 눈짓을 보냈어.

"맞아. 거기가 웬만한 산보다 별이 더 잘 보이는 곳이야. 나도 오랜만에 수많은 별을 본다니 설레네!"

주영이는 마음에도 없는 소리를 하느라 애를 썼어. 주영이 녀석, 고마운걸!

"무섭지만 같이 간다니 한번 가 보지 뭐."

사실 나도 조금 무섭고 걱정되었지만, 시후가 뱀파이어인지 아닌지 아는 건 너무 중요한 일이니 용기 내기로 했어. 시후가 하는 말이 거짓인지 아닌지는 두고 보면 알겠지.

언덕을 올라가는 길은 정말 어두웠어. 나도 당장 집으로 돌아가고 싶더라고. 하지만 꾹 참았어. 내가 오자고 해 놓고 먼저 무섭다고 말할 수는 없잖아. 아무렇지도 않은 척 한 발짝 한 발짝 걸어 나갔어.

그때 뒤에서 뭔가 털썩 하는 소리가 났어.

"유나야! 잠깐만. 시… 시후가 쓰러졌어!"

"뭐?"

뒤를 돌아보니 시후가 기절해 쓰러져 있었어.

"조금 전까지만 해도 내 옆에서 잘 걸어가고 있었거든! 그런데 갑자기 픽 하고 쓰러졌어. 어떡해!"

"침…침착해. 우리가 지금 할 일을 생각해야… 해. 우선… 무엇을 해야 하지…?"

주영이에게 침착해야 한다고 말했지만, 나도 심장이 쿵쾅거리고 말이 잘 안 나왔어.

"유나야, 나 무서워. 시후가 못 일어나면 어떡하지?"

"내가 시후를 살필 테니까 빨리 119를 불러 줘."

주영이는 바지 뒷주머니에서 휴대전화를 꺼냈어. 그리고 손을 부들부들 떨면서 숫자를 눌렀어.

신비한 통로

"너희들, 여기서 뭐 하니?"

정신없이 기절한 시후를 깨우는데 내 등 뒤로 누군가가 다가오는 게 느껴졌어.

"꺅!"

겁쟁이 주영이가 소리에 놀라 넘어지며 엉덩방아를 찧었어. 그러면서 쉬지 않고 계속 방귀를 뀌어 댔어. 뿡뿡!

"거기 누구냐! 누군지 말하라고! 귀신이냐!"

손전등 빛이 밝아서 누군지 알아볼 수가 없었어. 알 수 없는 그림자는 점점 더 우리 쪽으로 다가왔어.

"귀신이면 더 재미있겠다만. 귀신은 아니니 안심하렴!"

익숙한 목소리였어. 어둠 속에서 모습을 드러낸 사람은 바로 우리 할아버지였어.

"흑! 할아버지!"

"털보 박사님!"

"허허허. 주영아, 유나야. 여기서 뭐 하는 거니?"

"할아버지! 여기 좀 봐 주세요. 제 친구 시후가 갑자기 쓰러졌어요!"

"저런, 어쩌다가! 어디 한번 보자."

할아버지는 시후의 손발을 만져 봤어. 그리고 가방에서 뭔가를 꺼내 시후 손에 끼웠어. 맥박을 측정하는 기기였어. 시후는 괜찮을까?

"다행히 맥박은 정상이란다. 시간이 좀 지나면 체온도 정상으로 돌아올 거야. 우선 내 가방에 있는 담요를 시후에게 좀 덮어 주겠니? 이럴 땐 몸을 따뜻하게 해야 해."

주영이는 시후가 괜찮다는 말에 마음이 놓였는지 땅바닥에 풀썩 주저앉았어.

"휴, 정말 다행이야."

"그나저나 한밤중에 이 언덕에는 무슨 일로 왔니, 너희들? 부모님께 얘기는 하고 온 거야?"

"그… 그게… 잠깐 동네 친구들 만나고 온다고는 했는데요…. 여기가 별이 잘 보인다고 해서요. 할아버지는요?"

"하하! 난 치킨을 먹으러 왔지!"

이곳에서 웬 치킨이냐고 의아해할 수 있는데, 우리 털보 할아버지는 세상에서 치킨을 제일 좋아하셔. 사실은 그 핑계로 매일 이곳에 와서 별을 관측하시지.

"시후가 쓰러지는 바람에 아직 별을 제대로 못 봤어요."

내가 그렇게 말하자 주영이가 나를 툭툭 치며 말했어.

"유나야, 네가 별을 보러 왔다고? 너 박사님께는 솔직히 말하지? 털보 박사님, 그러니까 유나가…."

주영이는 그동안 시후와 있던 일들을 할아버지께 모두 말했어. 시후가 옆집에 이사 온 것부터 점심시간에 있던 일, 오늘 이곳에 온 이유까지 다 말이야!

나는 민망해서 땅바닥만 쳐다봤어.

"박사님, 그런데 사람의 건강을 체온으로만 판단하기에는 무리가 있지 않나요?"

"그렇단다. 체온만으로 판단할 수는 없지. 하지만 체온은 건강을 판단하는 중요한 요소란다."

"휴! 그럼 시후는 정말 뱀파이어가 아닌 거죠?"

"하하! 그렇단다. 유나가 공포 만화책을 너무 많이 봤나 보구나!"

"그래도 뭔가 의심스럽단 말이에요. 제가 좀 더…."

"참, 박사님. 사람의 체온이 36.5도에서 벗어나면 큰일이라도 나는 건가요?"

"주영아. 아플 때 열이 난 적이 있지? 그렇게 열이 오랫동안 계속되면 몸에 부담이 생긴단다. 장기와 호르몬 등을 구성하는 성분이 대부분 단백질인데, 단백질은 열에 매우 민감해. 열이 나면 단백질이 변하면서 몸이 원래 기능을 하지 못해."

"그렇다면 체온이 낮아지는 것도 안 좋겠네요?"

"유나, 네 말처럼 저체온증도 심각하면 사망에 이를 수 있어. 그러니 체온을 잘 유지하는 건 매우 중요한 일이지."

"으으…."

시후가 얼굴을 살짝 찡그렸어. 몸도 조금씩 움직였지.

"앗! 할아버지! 시후가 깨어난 것 같아요!"

"시후야, 괜찮니?"

"음… 여기는 어디예요? 무슨 일이 있었던 거죠?"

"기억이 나지 않나 보구나. 너는 이곳에 별을 보러 왔다가 쓰러졌어. 나는 유나의 할아버지란다. 네 상태를 확인했는데 별 이상은 없어서 다행이야!"

할아버지는 시후를 부축하며 말씀하셨어.

"제가 쓰러졌다고요?"

"맞아, 시후야. 네가 이곳에 올라오자마자 쓰러졌어. 이제 좀 괜찮아? 괜히 내가 오자고 해서…."

나 때문에 시후가 쓰러진 것 같아서 미안했어.

"유나야, 너 때문에 시후가 쓰러진 것도 아닌데 왜 그래? 그리고 시후, 지금은 괜찮아졌잖아!"

주영이는 내 어깨를 치며, 나를 안심시켜 주었어.

"유나야, 나는 괜찮아. 나 이제 아무렇지도 않은걸?"

"다행이구나. 오늘은 다들 집에 돌아가서 쉬는 게 좋겠어. 시간도 너무 늦었고. 앗! 그 전에 내가 사 온 치킨을 같이 먹자꾸나! 이 치킨으로 말할 것 같으면…."

"시후야. 너도 먹어 봐. 아직 따뜻해!"

시후는 주영이가 건네주는 치킨 한 조각을 받아 들었어. 아직 정신 차린 지 얼마 안 돼서 먹기 힘든 것 같았지만 말이야. 그동안 의심한 게 너무 미안할 정도였어.

그때였어. 내 주변에서 밝은 빛이 쏟아져 나왔어.

"앗! 어디서 빛이 나오는 거지?"

한쪽 구석에 놓여 있던 《꼬꼬마 흡혈귀》에서 빛이 나오지 뭐야? 아마 아까 소란이 있을 때 내 가방에서 책이 떨어진 모양이야.

  그런데 책에서 나온 빛이 꼭 어디론가 길을 안내하는 것 같았어. 나는 호기심을 참을 수 없었지. 그 빛이 비추는 방향으로 얼른 달려가 봤어. 마치 영화에서 보던 신비한 통로가 열리는 것 같았거든. 내가 영화를 많이 봐서 그렇다고? 아니야. 그건 정말로 신비한 통로였어. 나와 우리 일행을 새로운 곳으로 연결해 주었으니까!

오싹오싹 과학관 미스터리를 밝혀라!

Q. 사람의 체온은 왜 늘 일정해야 하나요?

체온을 기준으로, 동물은 정온 동물과 변온 동물로 나눌 수 있단다. 정온 동물은 주변 기온과 관계없이 체온을 일정하게 유지하는 동물을 말해. 반면에 변온 동물은 스스로 체온을 유지하지 못하고 외부 온도에 따라 체온이 변하는 동물을 말하지.

사람은 정온 동물이야. 사람의 몸은 주변이 더울 때 땀을 흘려 체온을 떨어뜨리려 하고, 추울 때는 몸을 떨어서 체온을 유지하려고 하지. 사람의 체온이 낮아지면, 몸속에서 생명을 유지하기 위해 활동하는 여러 호르몬의 기능이 떨어져. 또 산소나 영양분을 제대로 운반하는 데 어려움을 겪어 건강한 생활을 하기 어렵단다. 사람의 체온이 28도 미만으로 떨어지면 사망에 이를 수도 있지.

반면에 체온이 너무 높아져도 문제가 생긴단다. 사람의 몸은 높은 열에 매우 취약하지. 체온이 40도까지 오르면, 뇌에 손상이 오고 우

리 몸에서 작용하는 호르몬의 활성이 떨어진단다. 그러니 사람은 늘 체온을 적절하게 유지하는 것이 중요하단다.

포유류와 조류를 제외한 거의 모든 동물은 변온 동물에 속한단다. 변온 동물은 주변 기온이 낮을 때 체온이 함께 낮아지면서 행동이 느려지고, 주변 기온이 높을 때는 체온이 높아지면서 행동이 빨라져. 변온 동물은 대부분 일광욕하기 좋은 따뜻한 곳에 살지. 추운 곳에 사는 변온 동물은 겨울잠을 자면서 추위를 견딘단다.

4

뱀파이어 마을에서 살아남기

여긴 어디지?

"어! 사람들 모습이 이상한데?"

모두 창백한 얼굴에 검은색 망토! 뾰족한 송곳니, 새빨간 눈, 입가에 빨간 피…. 내가 책에서 보던 모습 그대로였어.

바로 뱀. 파. 이. 어!

"유나야, 저…저기 보이는 저 사람들… 뱀파이어지?"

주영이는 뿡뿡뿡 방귀를 뀌면서 믿을 수 없다는 듯이 말했어. 나도 마찬가지였어. 믿을 수가 없었어.

"이해할 수 없는 일이 생겼구나. 일단 뱀파이어를 피해 몸을 숨기자. 진짜 뱀파이어라면 우리가 표적이 될 테니."

우리는 모두 몸을 최대한 낮추고 조용히 걸었어. 다행히 가까운 곳에 어둑어둑한 골목이 있었어. 우리는 골목으로 몸을 숨겼지.

"다들 저만 믿으세요! 제가 누군가요? 그동안 공포 동화와 만화책을 보면서 뱀파이어는 물론이거니와 각종 괴물에 대해 엄청나게 공부를 한 몸이라고요. 최근에는《꼬꼬마 흡혈귀》를 읽어서 뱀파이어의 강점과 약점 모두 잘 안다고요."

뿡뿌우우웅…….

그 사이에도 주영이는 쉴새 없이 방귀를 뀌어 댔어. 이 녀석은 겁이 나거나 긴장하면 늘 방귀를 뀌는 습관이 있는데 이번에는 냄새까지 지독하지 뭐야!

"긴장 풀어, 주영아. 뱀파이어는 밤에 활동하니까 해가 뜨기 전까지는 안전하게 숨어 있으면 괜찮을 거야."

"그러자꾸나. 날이 밝으면 돌아갈 길을 함께 찾아보자."

"무서워! 뱀파이어라니, 어떻게 뱀파이어가 있지?"

"시후야, 진정하렴! 여기에서 벗어날 방법이 있을 거야!"

"네, 박사님!"

시후를 대신해 주영이가 힘차게 대답했어. 하지만 방귀 소리는 여전했지. 주영이가 많이 긴장했나 봐!

뱀파이어의 계획

 다행히 근처에 빈집이 있었어. 우리는 최대한 조용히 이 밤이 무사히 지나기만을 기다렸어. 시간이 얼마나 흘렀을까. 골목 저편에서 누군가 수군대는 소리가 들렸어.

 "인간 세상에 가서 인간들을 잡아 오는 일은 어떻게 된 거야? 이번에도 실패야?"

 "이러다가 우리 다 굶어 죽게 생겼어."

 "이곳에는 우리가 신선한 피를 얻을 수 있는 인간이 더는 없다고. 새로운 인간이 필요해."

 "이제는 한계야. 혈액 대체품 창고도 점점 비어 가고. 어제 인간 세상에 우리 마을로 올 수 있는 통로를 숨겨 놓았으니, 그걸 기대해 봐야지."

 뭐라고! 뱀파이어 마을로 올 수 있는 통로를 숨겨 놓았다고? 그렇다면 우리가 이곳에 온 게 뱀파이어의 계획이었다는 건가? 그런데 굶어 죽게 생긴 뱀파이이라니, 내가 본 《꼬꼬마 흡혈귀》의 이야기와 똑같잖아?

뱀파이어의 목소리는 점점 우리와 가까워졌어. 우리는 오두막 안에서 무기로 쓸 만한 도구를 서둘러 찾아 손에 들었어. 우선 눈에 띄는 대로 상자에 쌓인 손전등을 꺼내 모두 하나씩 들었지.

"우선 각자 손전등을 하나씩 들고 있다가, 뱀파이어가 저 문을 열면 재빨리 뱀파이어의 얼굴에 빛을 비추자. 빛이 있으면 힘을 못 쓸 거야."

나랑 주영이, 시후, 할아버지는 떨리는 눈빛을 서로 주고받았어. 그리고 두 손으로 손전등을 꽉 쥐었지. 뱀파이어야, 와라! 내가 빛으로 쏴 주겠다!

뱀파이어의 발자국 소리에 맞춰 심장이 크게 두근댔어. 입 안도 바짝 말랐지. 하지만 마음을 다잡았어. 손전등 불빛이면 뱀파이어를 제압할 수 있을 거야. 할 수 있어!

"인간아, 나와라! 어디 있냐?"

나는 방문을 열고 들어오는 뱀파이어를 향해 손전등을 비추었어. 우리 일행 모두가 손전등을 켜고 방문을 비추었지.

"으악!"

우리는 뱀파이어를 빛으로 제압했어. 뱀파이어들은 손전

등 빛을 보자마자 정신을 잃고 쓰러졌지.

"박사님, 일단 우리를 공격하지 못하게 뱀파이어를 묶어 놓아야 할 것 같아요."

시후가 이야기했어. 나도 옆에서 고개를 끄덕였어.

"아마도 우리가 다른 세상에 떨어진 것 같아!"

할아버지는 뱀파이어라고 해도, 그들을 죽이면 안 된다고 하셨어. 다른 방법이 있을 거라며 우리를 안심시켰지.

그런데 얼마 지나지 않아 뱀파이어들이 깨어났어. 게다가 우리가 묶어 놓은 밧줄을 너무 쉽게 풀어내지 뭐야!

"헉! 제… 제발 살려 주세요. 저희는 인간이 아니에요."

주영이는 당황한 나머지 자기는 인간이 아니라고 말했어.

"하하! 인간이 아니라니! 그 맛이 더 궁금한걸?"

그때 할아버지가 나섰어.

"잠시만! 당신들에게 필요한 혈액을 내가 평생 제공하겠습니다!"

"하하! 지금 인공 혈액을 말하는 건가?"

뱀파이어들도 인공 혈액을 만들려고 많은 노력을 했더라. 하지만 매번 실패했대. 혈액을 만드는 시간도 오래 걸리고,

무엇보다 오랫동안 보관하는 게 어려웠다고 했어.

"나는 지금까지 오랜 시간 동안 인공 혈액을 연구해 왔습니다. 한두 번만 더 실험하면 되는 상태지요."

"지금 우리한테서 도망치려고 수작 부리는 거지? 우리 뱀파이어는 지금 당장 먹을 혈액이 필요하다고!"

"아니, 절대 아니에요. 이분으로 말할 것 같으면 대한민국, 아니 세계 최고 과학자라고요! 박사님이라면 충분히 인공 혈액을 만드실 수 있는 분이에요."

주영이의 말을 들은 뱀파이어들의 눈빛이 흔들렸어. 우리 넷을 해치우고 혈액을 얻는다고 해도, 또 다시 혈액을 구해야만 살 수 있으니까 말이야.

할아버지도 이때를 놓치지 않았어.

"지금 당장 우리를 잡아먹지 않고 제가 인공 혈액을 만든 다음에 잡아먹어도 당신들은 손해가 아니지 않나요? 예전에 당신들이 인공 혈액을 만들기 위해 썼던 연구실을 사용하도록 허락해 준다면, 인공 혈액을 빨리 완성해 보겠습니다. 대신 인공 혈액이 완성될 때까지 나와 아이들의 안전을 보장해 주어야 합니다."

인공 혈액 연구실

"우아. 뱀파이어의 연구실이 이렇게 훌륭하다니! 이곳에 과학자도 있나 봐요?"

"하하. 그런가 보구나. 이곳은 우리 연구실보다도 좋은걸? 인공 혈액 연구가 착착 이루어질 것 같구나!

"참! 박사님, 사람은 이미 다 피가 흐르는데 인공 혈액이 왜 필요해요? 그리고 정말 뱀파이어가 우리를 풀어 줄까요?"

또 주영이의 질문이 폭풍처럼 이어졌어.

"혈액이 우리가 생명을 유지하며 살아가는 데 반드시 필요한 건 알지? 그런데 사고나 병으로 혈액이 더 필요할 경우, 치료 방법은 현재 수혈밖에 없단다. 그런데 수혈이 필요한 환자가 피를 충분히 구하기는 어렵거든. 그리고 달리 방법이 없으니 뱀파이어들을 믿어 보자꾸나!"

"뱀파이어도 그렇지만 사람도 혈액이 더 필요한 거죠?"

"그렇지! 또 수혈받은 혈액은 오래 보관할 수 없단다. 그래서 오래전부터 인공 혈액 개발에 꼭 성공하고 싶었어."

고소한 빵과 우유를 먹고 나니 집에 있는 것처럼 마음이 푸근해졌어. 뱀파이어 마을 사람들의 간절한 마음도 느껴졌지.

"할아버지! 빨리 서둘러야겠어요. 마을 사람들이 엄청 원하잖아요."

"유나야, 인공 혈액을 실제로 쓰기에는 아직 넘어야 할 산이 많단다."

할아버지는 개발 중인 인공 혈액을 치료에 바로 쓸 수는 없다고 했어. 아직 혈액의 모든 것을 다 알지 못하기 때문에 철저한 임상 실험이 꼭 필요하다고 했지. 특히 혈액의 모든 기능을 하는 인공 혈액은 어렵고, 특정한 역할을 하는 인공 혈액 위주로 개발한다고 했어.

"지금 할아버지가 연구 중인 혈액은 어떤 혈액이에요?"

"긴급한 상황에 놓인 사람에게 산소를 공급할 때만 쓸 수 있는 혈액이란다. 산소 치료제라고도 부르지."

"그럼, 지금 우리가 만들 혈액도 응급 상황에서 활용할 목적으로 쓰이는 혈액인가요?"

"그래. 당장 죽어 가는 사람은 물론이고, 뱀파이어에게도 산소를 공급할 수 있는 혈액이야."

이곳에 온 지 일주일 만에 할아버지가 드디어 인공 혈액을 완성했어. 나와 주영이, 시후까지 할아버지의 연구를 돕느라 거의 잠을 자지 못했지. 우리 모두 눈 아래가 검게 짙어졌지만, 완성된 인공 혈액을 보니 감격해 눈물이 나올 것 같았어.

"이 인공 혈액은 인간 세계에서 산소를 공급하기 위한 수단으로 연구하던 것이에요. 산소 치료제나 산소 운반체로 불리지요. 이 인공 혈액을 뱀파이어에게 맞추어 바꿨답니다."

할아버지는 이 인공 혈액이 뱀파이어에게 산소를 충분히 전달하고 살아가는 데 필요한 영양분도 보충해 주어 동물의 피를 먹지 않아도 생명을 유지할 수 있게 한다고 했어.

할아버지는 뱀파이어 마을 대표에게 방금 완성한 인공 혈액 한 잔을 건넸어.

뱀파이어 마을 사람들은 다 같이 환호했어. 마을 대표는 최대한 예의를 갖춰서 할아버지에게 악수를 건네며 고마운 마음을 표현했어.

역시 《꼬꼬마 흡혈귀》에서 읽은 것처럼 뱀파이어들은 멋졌어. 책에서도 뱀파이어는 약속을 아주 중요하게 생각했는데, 여기서도 마찬가지였어. 그리고 자신들이 먹을 양 외에는 욕심을 내지 않았어.

뱀파이어 마을 대표는 할아버지의 손을 맞잡으며 말했어.

"정말 고맙소. 박사님이 우리 마을을 살렸소. 이제는 이 마을에 평화가 찾아올 것이오. 인간들을 괴롭히거나 하지 않아도 되니까 당신들도 안전할 것이오."

뱀파이어들의 탄성이 울려 퍼졌어. 나도 더는 뱀파이어를 걱정하지 않아도 되니까 마음이 놓였어.

할아버지는 며칠 더 머물면서 뱀파이어들에게 인공 혈액 만드는 방법을 알려 주었어.

그동안 우리는 꼬마 뱀파이어와 친구가 되었어. 꼬마였지만 뱀파이어여선지 달리기 시합을 하면 항상 우리보다 빨리 달렸어. 숨바꼭질도 잘했어. 아무리 꽁꽁 숨어도 인간 냄새가 난다며 전부 다 찾아냈지. 또 꼬마 뱀파이어는 변신도 잘했어. 박쥐로 변할 때는 우리 모두 다 깜짝 놀라서 소리를 얼마나 크게 질렀는지 몰라.

뱀파이어들은 우리에게 친절했어. 처음 뱀파이어 세계에 왔을 때 우리를 잡아먹는 줄 알았던 뱀파이어들도 원래 우리한테서 피를 조금만 얻어 내고 돌려보내려 했다며 사과했어. 뱀파이어들은 우리가 궁금해하는 걸 친절하게 답해 줬고 뱀파이어가 진짜 무서워하는 게 무엇인지도 알려 줬어. 물론 그건 우리들만의 비밀로 다른 사람에게 알려 주지 않기로 약속했지.

그렇게 뱀파이어들과 어울려 지내다가 드디어 집으로 돌아가는 날이 되었어. 뱀파이어 마을 대표는 우리에게 지도 한 장을 건네주었어. 뱀파이어 마을의 지도였어. 지도 한쪽에 빨간 동그라미가 그려져 있었는데, 왜인지 모르게 어딘가 익숙했어.

"이곳이 어디인지 알지 모르겠구나."

마을 대표가 주영이를 바라보며 물었어.

"저희가 처음 이 마을에 도착할 때 떨어진 곳인가요?"

"맞아. 그곳으로 다시 돌아가면 인간 세상에서 이곳으로 온 통로가 보일 거야. 그 안으로 들어가면 다시 인간 세상으로 돌아갈 수 있단다."

막상 마을을 떠나려니 아쉬운 마음이 컸어. 특히 꼬마 뱀파이어와 막 친해졌는데 말이야. 할아버지가 내 마음을 알아챈 듯 우리를 다독였어.

"자, 모두 집으로 갈 준비됐니?"

"네!"

우리는 지도에 표시된 곳으로 천천히 걸음을 옮겼어.

뱀파이어 마을, 이제 안녕!

Q. 인공 혈액을 만들 수 있을까요?

혈액이 필요한 환자에게는 수혈이 유일한 방법이란다. 그런데 수혈에도 여러 가지 한계가 있어. 가장 큰 문제점은 혈액을 충분히 확보하기 어렵다는 거야. 수혈로 인한 질병 감염도 큰 문제지.

이런 이유로 인공 혈액이 많은 관심을 받고 있단다. 그런데 현재 기술로는 여러 역할을 동시에 해내는 혈액을 만들기 어려워. 그래서 산소 공급을 할 수 있는 혈액 개발에 집중하고 있단다. 인간에게 가장 시급하게 필요한 혈액의 역할이 산소 공급이거든.

현재까지 개발된 인공 혈액은 출혈이 심한 환자에게 적혈구의 일부인 헤모글로빈을 공급해서 산소를 공급하고 이산화탄소를 제거하는 방식이야. 헤모글로빈은 사람이나 소의 혈액에서 얻는데, 지금까지 개발된 인공 혈액은 극히 일부 지역에서만 사용하거나 임상 실험을 하는 단계란다.

인공 혈액 연구는 여러 가지 방식으로 활발히 이루어져 왔어. 먼저 줄기세포를 이용하면 인간의 적혈구 세포를 많이 생산할 수 있다고 해. 돼지를 활용해 혈액을 생산하는 연구도 이루어지고 있단다.

인공 혈액은 혈액형을 구분하지 않고 쓸 수 있어. 혈액형과 연관된 단백질이나 당이 없어 혈액형을 구분하지 않고 쓸 수 있거든. 헌혈량이 계속해서 줄어드는 요즘, 인공 혈액을 개발하는 일은 인류에게 엄청나게 필요한 일이고 가치 있는 일이란다.

이것도 궁금해!

뱀파이어도 피를 먹을 때 혈액형을 따질까요?
만일 뱀파이어가 사람의 피를 먹는다면 혈액이 위장으로 흘러 들어가 위에서 소화돼. 뱀파이어가 먹은 혈액과 뱀파이어의 몸에 흐르는 혈액이 직접 만나지 않으니 서로 섞여 엉길 일도 없어. 그러니 뱀파이어에게 사람의 혈액형은 그다지 중요하지 않을 거야.

5
무사히 돌아왔어!

드디어 풀린 오해

"김주영! 차시후!"

"유나야, 잘 잤어? 난 모처럼 푹 잤어. 역시 집이 최고야!"

주영이 녀석. 집에 돌아오더니 표정부터 다르네.

"응, 나도 집에 오니 정말 좋더라. 다들 우리가 어떤 일을 겪었는지 상상도 못할 거야. 그렇지?"

뱀파이어 마을에 며칠을 머물렀지만 실제로는 몇 시간도 채 되지 않았어.

뱀파이어 마을에 다녀온 뒤 시후와 한껏 가까워진 느낌이야. 무엇보다 지금까지 시후를 오해하고 의심한 데 미안한 마음이 컸어.

"시후야, 정말 미안해. 그동안 내가 괜한 오해를 했어. 나 때문에 주영이까지…."

"무슨 오해?"

주영이와 나는 이왕 이렇게 된 거 시후에게 솔직하게 털어놓기로 했어.

"아, 지난번에 너희 집 앞에 고양이가 죽어 있던데…."

이제 시후가 뱀파이어라고 생각하지는 않지만, 고양이 사건은 정말 궁금했어. 그런데 내 질문이 끝나자마자 시후는 얼굴이 붉어지며 바로 울음을 쏟아 냈어.

"왜… 왜 그래! 고양이 죽음에 무슨 사연이라도 있는 거야?"

주영이도 당황해서 어쩔 줄 몰라 했어.

"너희들이 본 고양이는 사실 우리 집에서 키우던 고양이야."

"그런데 무슨 일이 있었던 거야?"

"그날 저녁에도 밥을 주려고 찾았는데, 한참이 지나도 보이지 않는 거야. 그래서 온 동네를 찾아다녔는데…. 누군가 고양이에게 해코지를 한 거야. 누군지 찾아내서 그저께 신고했어."

"우리는 그런 줄도 모르고…. 마음이 많이 아팠겠다."

"이렇게 오해가 풀리니까 나도 시원하다. 너희와 앞으로 더 잘 지낼 수 있을 것 같아. 그런 의미로 우리 집에 초대할게. 내일 학교 끝나고 어때?"

"야호! 당연히 가야지. 놀러 가는 건 언제나 즐거워! 유나야! 너도 갈 거지?"

시뻘건 복수

"어서 오렴! 애들아. 우리 시후를 잘 챙겨 줬다고 이야기 많이 들었단다."

시후 엄마는 우리를 반갑게 맞아 주셨어. 주방에 들어서니 엄청난 음식들이 차려져 있었어. 하나같이 다 내가 좋아하는 음식이었지!

 주영이와 난 며칠 굶은 듯 차려진 음식을 하나하나 해치워 나갔어.
 "짜잔! 너희를 위해 만든 특별한 음식이 더 있지롱!"
 "우아. 여기에 특별한 음식까지? 뭔데? 궁금해!"
 마지막으로 나온 음식에는 뚜껑이 덮여 있었어. 시후 엄마에게서 접시를 건네받은 시후와 시후 엄마 모두 웃음을 억지로 참는 느낌이었어.
 "유나야, 주영아! 서프라이즈!"
 "으악! 이게 뭐야? 피? 피잖아!"
 시후가 들고 온 접시에는 시뻘건 케이크가 있었어. 나랑 주영이는 너무 놀라서 기절할 뻔했어.

"뱀파이어 마을에 갔을 때 몰래 가져왔지. 모두 피로 만들었어. 너희도 한번 먹어 볼래?"

"으… 으악, 으아악! 엄마야, 나 도망갈래!"

"시후, 너 진짜 뱀파이어야?"

"이제야 내 정체를 알게 되었군! 하하!"

"애들아, 진정하렴. 그건 딸기 가루를 넣어 만든 케이크란다. 케이크 위에 시후가 딸기 시럽을 너무 많이 뿌려서 피처럼 보이는 거고!"

"후유! 시후 너! 우리를 속이다니!"

"유나, 네가 할 소리는 아닐 텐데! 그동안 나를 뱀파이어로 오해한 너희들한테 나도 한 번쯤은 복수하고 싶었다고! 하하!"

우리는 너 나 할 것 없이 모두 웃음을 터뜨렸어. 뱀파이어 때문에 이런 오해까지 하다니! 하지만 그동안 내가 시후에게 한 오해에 비하면 이건 아무것도 아니겠지? 뱀파이어 세계에서 겪은 일들이 머리를 스쳤어. 그런데 무섭다기보다는 호기심이 더 커졌어. 또 다른 괴물도 만났으면 좋겠다!

오싹오싹 과학관 미스터리를 밝혀라!

Q. 정말 지구에 뱀파이어가 있을까요?

지구에 뱀파이어는 없단다. 그러니 두려워할 필요 없어. 내가 왜 이렇게 확신하는지 궁금하지? 지금부터 지구에 뱀파이어가 없다고 확실하게 말할 수 있는 이유를 말해 줄게.

뱀파이어에게 목덜미를 물린 사람은 뱀파이어가 된다고 가정해 볼까? 그렇다면 지구에 있는 모든 사람이 뱀파이어가 되기까지 시간이 얼마나 걸릴까?

신기하게도 이걸 계산한 사람이 있단다. 바로 미국의 에프티미우 교수야. 에프티미우 교수는 계산을 하기 전에 몇 가지 가정을 했어.

가정 1. 지구의 인구는 68억 명이다.
가정 2. 뱀파이어가 한 달에 한 번씩만 사람을 문다.
가정 3. 뱀파이어에게 물린 사람은 무조건 뱀파이어가 된다.

에프티미우 교수는 이렇게 가정을 하고 계산을 해 봤어. 그랬더니 지구인 68억 명이 뱀파이어가 되는 데 걸리는 시간은 고작 32개월이었단다.

만약 저 가정처럼 뱀파이어가 사람을 문다면 3년도 안 돼서 지구에 있는 사람이 모두 뱀파이어가 되어야 하지. 만약 뱀파이어가 있었다면, 우리는 진작 뱀파이어가 되어야 했을 거야. 이 결과를 얻은 에프티미우 교수는 이런 말을 남겼어.

"만약 흡혈귀가 존재했다면, 매달 인구가 두 배로 늘어났더라도 인류는 벌써 사라졌을 것이다."

너희들이 아직 인간으로 존재한다는 것 자체가 뱀파이어가 없다는 증거이니, 두려워하지 않아도 된단다!

오싹오싹 과학관
미스터리를 밝혀라!

Q. 뱀파이어로 오해받은 사람들의 정체는?

실제로 시후처럼 뱀파이어의 특징을 모두 가진 사람들이 있었단다. 그래서 사람들에게 뱀파이어로 오해받았지. 사실은 바로 '포르피린증'이란 병에 걸린 환자들이었어.

포르피린증이 뭐냐고? 먼저 이 병이 어떻게 생기는지 알려 줄게. 혈색소인 헤모글로빈은 단백질인 글로빈이 헴과 결합해서 생겨. 헴은 포르피린과 철이 합쳐져 생기는데, 이 과정에서 필요한 효소가 부족하면 헴이 만들어지지 못하고 포르피린이 몸에 많이 쌓이게 된단다. 이렇게 쌓인 포르피린이 혈액 조직에 침투하면서 포르피린증이라는 질병이 생기는 거지.

포르피린증에 걸린 사람은 햇볕을 쐬면 피부가 붉어진단다. 햇빛 안에 있는 자외선이 포르피린을 활발하게 움직여 세포를 파괴하고 조직을 망가뜨리기 때문이지. 또한 포르피린증 환자는 약한 빛도 보는 게 힘들어서 낮에는 활동하기가 힘들다고 해.

또 포르피린증에 걸리면 잇몸이 주저앉아 이가 더 커 보이고, 송곳니가 더 도드라져 보여. 그래서 사람들에게 뱀파이어로 오해를 많이 받았지.

포르피린증 환자에게 가장 필요한 치료는 바로 수혈이야. 포르피린증 환자는 건강한 적혈구를 생산하지 못해 심각한 빈혈이 있기 때문이지. 이 때문에 뱀파이어로 더 오해받았어. 지금은 혈관으로 수혈하지만, 주사기가 만들어지기 이전에는 피를 마시는 형태로 치료를 했단다.

창백한 피부, 뾰족한 송곳니, 거기에 피를 마시는 사람들이라니…. 지금은 과학과 의학의 발달로 오해가 풀렸지만, 그 당시에는 오해할 수밖에 없었겠지?

난 뱀파이어가 아니야!

어린이 사전 서평단

강민기	강서우	강지후	권아윤	권택겸	권택헌	김가빈	김건호
김건희	김동윤	김래오	김리안	김민선	김사랑	김서현	김수현
김시윤	김연준	김연재	김윤슬	김채련	남송현	박서준	박은세
박주안	박창우	서하은	손지민	송우현	신건우	신율호	신솔
안서우	양윤슬	오준	유아린	이유정	이은재	장하람	전민기
전지민	정온유	정태준	조아정	조우찬	조준혁	최서원	최하승
탁기현	홍시원	황진욱	황진혁				

| 강력 추천 한마디 |

초등 아이들의 최대 관심사 공포물과 과학을 결합한 기막힌 도서! ―박은세

전학 온 뱀파이어, 진짜일까? 엉뚱한 상상을 과학으로 추리한다! ―권아윤

내 친구가 뱀파이어 같다는 의심이 든다면 나는 아마 도망갔을 거예요. 하지만 이제는 두렵지 않아요. 왜냐하면 이제 나도 뱀파이어 박사니까요! ―조아정

등줄기가 오싹한 이야기 속에 과학 상식이 쏙쏙 들어와요! 인공혈액을 만들 수 있다는 게 신기하고 연구가 꼭 성공했으면 좋겠어요. ―유아린

어려울 것 같았는데 중간중간 만화가 나와서 쉽고 재밌게 읽을 수 있었다. '진짜 내 친구 중에도 뱀파이어가 있으면 어떡하지? 혹시 걔도…?'라고 생각하면서 읽으니 더 오싹했다. '처음엔 무서우면 어쩌지?' 하고 걱정했는데 읽을수록 재밌고 이야기에 빠져들다 보니 나중에는 하나도 무섭지 않았다! ―서하은

흥미로운 뱀파이어 이야기와 과학 상식까지! 두 마리 토끼를 한 번에! 오감 대만족 오싹오싹 과학 미스터리! ―김리안

유나와 함께 뱀파이어의 비밀을 파헤치다 보면 과학에 대한 흥미가 생겨요. 어렵게만 느껴졌던 과학이 이렇게 재미있고 쉽게 이해되다니! 우리 반 친구들에게도 꼭 추천하고 싶은 책이에요. 과학을 어려워하는 친구들, 책 읽기를 싫어하는 친구들 모두 정말 재밌게 읽을 수 있을 거예요! ―김건희

나의 궁금증을 해소할 수 있는 책을 만났어요. 제가 좋아하는 공포 이야기에 과학이 있다니 너무 놀라웠어요. ―김수현

'뱀파이어가 진짜 있을까?' 하는 호기심을 자극한다. 심심할 때 읽어도 좋고, '피'에 대한 궁금증이 생길 때 읽어도 좋다. 초등 아이들이 뱀파이어를 찾아내는 모험도 재밌고, 신기한 상식이 많이 들어서 더 좋다. ―김연준·김연재

책을 읽을수록 읽을 부분이 점점 줄어드는 게 너무 아쉬웠다. 우리 옆집에도 친구가 이사왔으면 좋겠다! 그럼 유나처럼 매일이 모험 같겠지? ―박창우

드라큘라의 비밀이 궁금하다면 꼭 읽어야 한다. 으스스하고 재밌는 이야기로 과학을 배울 수 있어서 마음에 들었다. ―이유정

새 친구를 만나기 위해서는 관심과 함께 이해하고 함께하려는 마음이 필요해요. 과학도 마찬가지입니다. 호기심으로 끝나지 않고 '왜? 어째서?'라는 궁금증을 해결하려는 마음가짐에서 시작하니까요. 왜 사람들이 뱀파이어가 있다고 오해했는지, 왜 지구에 뱀파이어가 없는지 그 이유와 진실을 알게 되었어요. 이 책을 읽고 나서 과학 시간이 더 즐겁고 가장 좋아하는 과목이 되었어요. ―강지후

요즘 부쩍 친구들이 공포물에 관심이 생겨서 무섭다면서도 찾아보곤 하는데, 뱀파이어 이야기에 눈이 반짝반짝! 너무 재미있어서 학교에도 들고 가서 완독하고 왔어요. 옆집으로 이사 온 친구가 어쩐지 수상하고 의심스러운데 추리해 나가는 모습도 긴장감을 더하고, 혈액과 체온에 대한 과학 상식도 함께 배울 수 있어서 호기심과 과학 두 마리 토끼를 다 잡을 수 있는 유익한 도서예요! ―김채련

오싹한 재미가 가득! 읽어갈수록 궁금해지고 계속 읽고 싶어지는 과학 책! ―박주안

오싹오싹 과학 미스터리
❶ 뱀파이어의 비밀

1판 1쇄 펴냄 | 2024년 6월 25일

글　　| 국립과천과학관 이혜선
그　림 | 김완진
발행인 | 김병준
편　집 | 김리라, 차정민
디자인 | 백소연
마케팅 | 김유정, 최은규
발행처 | 상상아카데미

등록 | 2010. 3. 11. 제313-2010-77호
주소 | 서울시 마포구 독막로6길 11, 우대빌딩 2, 3층
전화 | 02-6953-7790(편집), 02-6925-4188(영업)
팩스 | 02-6925-4182
전자우편 | main@sangsangaca.com
홈페이지 | http://sangsangaca.com
ISBN 979-11-93379-29-5 74400

· KC마크는 이 제품이 공통안전기준에 적합하였음을 뜻합니다.
· 잘못 만들어진 책은 구입하신 서점에서 교환해 드립니다.